당신이
서비스다

KB055315

님께

~~~~~~~~~~~~~~~~~~~~~~~~~~~~~~~~

~~~~~~~~~~~~~~~~~~~~~~~~~~~~~~~~

~~~~~~~~~~~~~~~~~~~~~~~~~~~~~~~~

~~~~~~~~~~~~~~~~~~~~~~~~~~~~~~~~

c o n t e n t s

"관객은 일이 끝나면 외투와 가방을 챙기고 주인은 일이 끝나면
빗자루와 걸레를 챙긴다."
이 말은 아동문학가인 강소천 선생이 남긴 명언 중의 하나다.
관객은 정시에 와서 시간이 끝나면 외투와 가방만 챙기고
자리를 뜬다. 하지만 주인은 1~2시간 전에 미리 오고,
저녁 늦게까지 빗자루와 걸레를 들고 청소를 한다.
최고의 서비스를 실현하기 위해서는 고객보다 더 빨리,
더 많이 생각하고 움직여야 한다.

PART 1

고객의
생각 읽기

개가 사나우면
술이 쉰다

중국 송나라 때 술을 만들어 파는
장사꾼이 있었다.

그는 술을 빚는 재주가 좋고 손님에게도 정말 친절했는데
언제부턴가 손님이 점점 줄어들더니 급기야 술이 팔리지
않았다. 이상하게 여긴 주인은 그 동네에서 가장 지혜로운
선사를 찾아가 그 이유를 물었다.

그러자 선사는 이렇게 말했다. "너희 집 개가 사나워서 그런
것이다. 너희 집에 손님이 오면 사나운 개가 그토록 짖어대고,
심지어 어린아이가 부모의 심부름으로 술을 사러 오면 개가
물어뜯어서 들어갈 수 없으니, 술이 팔리지 않고 쉬는 것은

당연하지 않겠는가?"

이것이 '개가 사나우면 술이 쉰다'는 구맹주산狗猛酒酸의
유래다. 사나운 개가 결국 근심덩어리가 된다는
'맹구지환猛狗之患'이란 고사는 이때부터 시작되었다.

이 이야기가 주는 교훈은 모든 사업의 근본을 '고객에게
물어보자'는 것이다. 이 주인은 술이 팔리지 않아 문을 닫은
다음에야 선사를 찾아가서 이유를 알아냈지만, 만약 고객에게
"왜 우리 집에 오지 않나요?"라고 먼저 물어보았더라면
"개가 사나워서 못 가겠다"고 알려주었을 것이다.

그래서 고객만족경영에서는 행여 '개가 사나운지를 알아보는
방법'으로 다양한 채널을 마련해 고객의 소리를 듣고, 이를
반영해 회사의 정책과 제도를 개선해 나가고 있는 것이다.

정부의 고객은 국민이고 회사의 고객은 소비자다. "얼굴은 CEO를 바라
보고 고객에게는 엉덩이를 들이미는 조직은 염려스럽다"고 잭웰치는
말했다. 우리 회사에도 맹구주산이 생기지 않도록, 우리나라에도 다시
는 맹구지환이 없도록 우리 스스로를 되돌아 봐야 하겠다.

천국과 지옥의 식사

어떤 사람이 천국과 지옥을 구경하게 되었다.

마침 지옥은 식사시간이었다. 그곳에서는 모두 겸상을 하고 있었는데, 자기 팔보다 훨씬 긴 젓가락으로 먹되 한 번 떨어뜨린 음식은 다시 집어먹을 수 없는 규칙이 있었다. 사람들은 제각기 음식을 집어 자기 입에 넣으려고 했지만, 젓가락이 너무 길어서 전부 떨어뜨리기만 할뿐 한 입도 제대로 먹지 못해 아우성이었다.

그러나 천국에서는 그런 몸부림을 볼 수 없었다. 식사 규칙도 젓가락 길이도 지옥과 똑같았으나 모두 배불리 먹고 있었다. 마주 앉은 사람의 입에다 서로 넣어 주었기 때문이다.

고객만족경영의 핵심 철학을 한 단어로 표현하면 바로 '상생'이다. 천국에서처럼 서로 상대방의 입에다 음식을 넣어주는, 즉 남을 먼저 이롭게 함으로써 궁극적으로 내가 이롭게 된다는 뜻의 '자리이타自利利他'의 정신이다. 고객에게 사랑받는 기업은 상대를 먼저 도와준다. 그것이 결국 이기는 전략이기 때문이다.

마키아벨리는 "인간은 흔히 작은 새처럼 행동한다. 눈앞의 먹이에만 정신이 팔려 머리 위에서 매나 독수리가 덮치려는 것을 깨닫지 못하는 참새처럼 말이다"라고 말했다.
그의 말대로 우리는 자신이 참새처럼 눈앞의 먹이에 정신이 팔려 자신의 이익과 회사의 편의에 집착하고 있지는 않은지 살펴보아야 한다.

서비스 패러독스

두 배 속도로 뛰어야 한다

앨리스는 헐떡이며 말했다. "음, 우리 세상에서는 지금처럼 오랫동안 빨리 뛰었다면 보통은 어디엔가 도착하게 돼요." 붉은 여왕은 말했다. "느릿느릿한 세상이군. 그렇지만 보다시피 이곳에서는 네 마음껏 달려도 결국에는 같은 곳에 머물게 돼. 어딘가에 가고 싶다면 적어도 지금보다 두 배의 속도로 뛰어야 한단다."

붉은 여왕이 사는 세계에서는 열심히 달려도 앞으로 나아가지 못한다. 주변의 경치가 함께 움직이기 때문이다.

달리는 속도가 떨어지면 뒤처지고 만다. 러닝머신 위에서 달리기를 멈추면 넘어지듯 말이다.

기업의 서비스 경영도 다르지 않다. 계속해서 달려야 그나마 현상 유지를 할 수 있으며, 이를 넘어 고객의 지속적인 사랑을 받으려면 두 배 이상의 속도를 내야 한다.

기업은 고객만족에 최선을 다하고 있지만, 고객은 '그만하면 되었다'고 만족감을 표시하는 경우가 거의 없다. 그래서 다양하고 편리한 서비스의 등장에도 불구하고 고객만족도가 더 떨어지는 '서비스 패러독스' 현상이 발생하고 있다. 서비스 패러독스(Service Paradox)'는 서비스의 종류가 다양해지고 예전보다 편리해졌는데도 오히려 소비자 불만 현상이 더 높아지는 현상을 말한다. 서비스 패러독스가 발생하는 가장 큰 요인은 서비스에 대한 고객의 기대 수준이 계속 높아져 가기 때문이다.

고객만족경영의 전문가인 칼 알브레히트(Karl Albrecht)는 고객의 기대 수준이 높아져가는 현상을 두고, 서비스 경영을 "사슴처럼 앞서가는 고객의 기대를 달팽이의 속도로 쫓아가는 추격전"이라고 표현했다.

"버튼만 누르세요. 나머지는 우리가 알아서 해결해 드립니다."
이 문장은 '코닥 모멘트(Kodak Moment)'를 나타내는 말로 한 때
사진으로 간직하고 싶은 소중한 순간을 말하는 유행어였다.
아마추어 사진가였던 '조지 이스트먼(George Eastman)'이 만든
필름 회사 코닥은 1888년 누구나 쉽게 사용할 수 있는 휴대용
코닥 카메라를 세상에 내놓았다. 필름이 장착된 나무 박스로
만든 작은 휴대용 카메라였다. 소비자는 '똑딱!'하고 버튼만
누르면 된다. 카메라를 다시 코닥 회사로 돌려보내면 소비자의
추억은 코닥이 생산해냈다. 코닥은 소중한 순간이 인화된
사진과 새 필름이 장착된 카메라를 주인에게 돌려주었다.

그러나 영원히 간직하고 싶은 순간이란 '코닥 모멘트'의 의미는 100여년이 지난 지금 전혀 다른 뜻을 갖게 됐다. 지금의 '코닥 모멘트'는 변화된 세상의 흐름에 적응하지 못하고 옛 습관을 유지하다가 도태의 길로 들어서는 순간을 말한다.

1881년 창업해 130년 동안 사진시장을 쥐락펴락 했던 코닥은 결국 2012년 문을 닫았다. 변화된 디지털 환경에 적응하지 못한 결과였다. 그런데 아이로니컬한 것은 코닥이 이미 30여 년 전인 1975년에 세계 최초로 디지털 카메라를 만들었다는 점이다. 기술 혁신을 하고도 그동안 따뜻하게 배를 불려준 필름에 대한 미련을 차마 버리지 못했던 것이다.

타잔이 악당을 물리치기 위해 밀림 숲을 헤치며 줄을 타고 가는 영화의 한 장면이 눈에 선하다. 타잔은 나무 줄을 바꿔 잡으며 달려가는데, 만약 잡고 있던 줄을 놓지 않는다면 제자리에 매달려 있을 뿐이다. 겁이 나고 위험하더라도 지금 잡고 있던 습관과 고정관념의 줄을 놓고 혁신과 디지털이라는 새로운 줄을 잡아야 한다.

어린이는 일주일에 한번만 오세요

프랑스 맥도날드는 한 때 "햄버거는 일주일에 한번 이상 드시면 몸에 해롭습니다"라는 광고캠페인으로 눈길을 끌었다. 프랑스 맥도날드는 정말로 조금만 팔고 싶었던 것일까? 물론 아니다. 매출을 늘리고 싶었지만, '패스트푸드가 소아비만의 원인이 된다'는 사회적 비판이 높아지자 고민 끝에 만들어낸 광고였다.

이 회사의 전략은 '우리는 다른 패스트푸드 업체와는 달리 소비자의 건강을 먼저 생각하는 회사'라는 긍정적인 평판을 얻는 것이었다.

그렇다면 일주일에 두세 개씩 햄버거를 먹던 어린 아이들과

그 부모들은 광고에서
말한 대로 정말로 맥도날드 방문 횟수를
줄였을까? 결과는 정반대였다. 심지어 맥도날드를
즐겨 찾지 않던 사람들까지 매장을 찾게 됐다. 자기 회사에
손해가 될 수 있지만 소비자의 건강을 챙겨주는 모습에 '이왕
패스트푸드를 먹을 거라면 다른 곳이 아니라 맥도날드를
찾아주자'는 마음이 생겼기 때문이다. 그 결과 이 광고가
진행된 한 해 동안 프랑스 맥도날드는 유럽지사 중 매출
1위를 달성했다.

댓글도 호평 일색이면 짜고 치는 것 아닌가 하고 오히려
의심을 받는 시대다. 이때 누군가가 자신의 약점을 인정하면
오히려 정직과 진정성 면에서 높은 평판을 얻는다.
이른바 '흠집 효과(blemishing effect)'이다. 상품을 긍정적으로
설명하면서 부정적인 설명을 약간 덧붙이면 그 상품에 대한
긍정적인 효과가 늘어난다는 의미다.

스티븐 오버먼은 <양심 경제(The Conscience Economy)>라는 책에서
"착한 것이 멋진 것이다"라고 하면서 앞으로는 평판이 나쁜 기업이 결
코 돈을 벌 수 없을 것이라고 예언했다. 작은 흠집이 하나 있다는 것을
정직하게 털어놓으면 여러분의 기업은 '착한기업'으로 인정되고 당신
이 내놓은 제안의 장점은 더욱 돋보일 것이다.

마당쇠가 서럽게 운 까닭

옛날 부잣집에 주인이 시키는 대로 일을 잘하는 마당쇠가 있었다. 하루는 주인이 불렀다.

"얘 마당쇠야, 오늘은 감자를 캐야겠다." 주인의 말이 떨어지자마자 마당쇠는 부리나케 밭에 달려가서 감자를 모두 캤다. 다음 날 주인은 또 일을 시켰다. "오늘은 감자밭에 구덩이를 크게 두 개 파야겠다." 마당쇠는 이번에도 쏜살같이 밭으로 달려가 금방 어른 키 정도의 깊이로 큰 구덩이를 두 개 팠다. 그 다음 날 주인은 또 마당쇠에게 일을 시켰다.

"오늘은 캔 감자 가운데 큰 것은 오른쪽 구덩이에 넣고 작은 것은 왼쪽 구덩이에 넣어라."

그런데 평소 같으면 반나절도 안 되어
일을 끝내고 돌아와야 할 마당쇠가 보이지
않았다. 주인이 다른 머슴들과 함께 뒷밭에
가보았더니, 마당쇠가 서럽게 울고 있는
것이었다. 구덩이에는 감자가 한 개도 들어
있지 않았다.

그 까닭을 묻자, 마당쇠가 울먹이며 말했다. "작아 보이는
감자를 왼쪽 구덩이에 넣으려고 보면 또 작은 것 같지가
않아서 못 넣고, 커 보이는 감자를 오른쪽 구덩이에 넣으려고
보면 또 큰 것 같지가 않아서 여태 하나도 못 넣었습니다."
마당쇠가 쩔쩔맨 이유는 다름 아니라, 그간 주인이 시킨
일만 해온 탓에 나름대로 '기준'을 세워서 큰 것과 작은 것을
판단하는 능력을 갖지 못했기 때문이었다.

수준 높은 서비스는 '이것이 내 일'이라는 주인정신에서
시작된다. 지나치게 매뉴얼 된 표준화는 기계화된 행동을
강제하기 때문에 직원들의 자율성과 창의력을 갉아 먹는다.

"관객은 일이 끝나면 외투와 가방을 챙기고 주인은 일이 끝나면 빗자
루와 걸레를 챙긴다." 이 말은 아동문학가인 강소천 선생이 남긴 명언
중의 하나다. 관객은 정시에 와서 시간이 끝나면 외투와 가방만 챙기
고 자리를 뜬다. 하지만 주인은 1~2시간 전에 미리 오고, 저녁 늦게까
지 빗자루와 걸레를 들고 청소를 한다.

사표 쓰면
보너스를 주겠다

자포스에는 '오퍼(Offer)제도'란 인사정책이 있다. 신입사원은
어느 부서에 지원을 했던 간에 부서 배치를 받기 전에 4주간의
서비스교육을 받는다. 그 중 3주는 현장교육으로 이뤄지는데
2주는 콜센터에서, 1주는 물류센터에서 교육을 받는다. 교육이
2주차에 접어들면 임원들은 신입사원들에게 다음과 같은
색다른 제안을 한다.

"지금 그만두면 지금까지 일한 것에 대한 정산은 물론, 3천
달러의 사직 장려금을 주겠네."

이 오퍼제도는 자포스 문화에 적응하지 못하는 신입사원이나,
그저 '돈 때문에' 일하고자 하는 신입사원을 배제하기 위한

장치이다. 자포스만의 기업문화에 꼭 맞는 인재만을 유치하기 위해 이 제도를 만들었다. 어떻게 보면 일주일만 참가해도 3천 달러를 벌수 있으니, 그만두는 사람이 있을 수도 있지만, 실제로 오퍼제도를 선택하는 비율은 1% 정도이다.

자포스가 이 제도를 두는 이유는 직원 채용의 중요성을 잘 알고 있기 때문이다. 서비스경영의 가장 중요한 요소는 조직의 비전에 공감하고, 적극적으로 참여할 직원들로 구성하는 것이다. 회사는 물론 본인을 위해서 서비스 문화에 맞지 않는 직원, 고객에게 열정을 쏟을 수 없는 직원은 스스로 그만둘 기회를 줌으로서 '순도 높은 서비스 직원'을 현장에 배치하는 것이다.

짐 콜린스는 <좋은 기업을 넘어 위대한 기업으로>란 책에서 "많은 사람이 노래를 부르게 하려고 돼지를 때리는 우를 범한다. 그러나 이로 인해 사람들은 지치고 돼지는 괴로울 뿐이다. 차라리 돼지를 팔아 카나리아를 사는 편이 더 낫다. 즉 적절한 재능을 갖춘 사람을 채용해 일을 맡기라는 것이다"라고 말했다.

적성이 맞지 않는 사람을 채용하여 교육하고 동기를 부여하려고 애쓰는 것은 손해만 가져올 뿐이다. 고객서비스에서는 더욱 그렇다.

영국의 철학자 조지 버클리는
"존재하는 것은 지각되는 것이다"라는 말로
기다린 시간에 대한 지각은 실제로 지나간 시간과 현저하게
다를 수 있음을 강조했다. 서비스를 받기 위해 얼마나
오래 기다렸는가를 물었을 때 고객은 기다리는 시간을 실제보다
훨씬 더 길게 평가한다. 고객을 감동시키는 방법은 어쩌면
아주 가까이에 있다. 시간도 그 중에 하나다.

PART 2

고객을
감동시키는
비법

얼마나 아팠니!

한 어머니는 얼마 전 아이와 함께 병원을 찾았던 때를 잊을 수 없다고 했다.

"의사 선생님이 우리 아이에게 '아' 하고 입을 벌리라고 했죠. 그리고 아이의 입안을 들여다보더니 다정한 어투로 말하더군요. '어이쿠, 이런! 네 목이 얼마나 아팠을지 알겠다. 많이 아팠지? 쯧쯧.' 그리고 면봉으로 배양균을 채취하고 나서는 이렇게 말했습니다. '이제 어떤 세균이 너를 아프게 하고 있는 건지 알아낼 거란다. 그리고 나쁜 병균을 모조리 물리칠 수 있는 천하무적 약을 줄 거야!' 그리고는 나를 보며 말했어요. '아이가 패혈성 인두염인 것 같네요.'"

그런데 이전에 찾아갔던 다른 의사는 태도가 조금 달랐다.
"'아 해봐' 하는데, 아이가 아파하니까 '좀 참아! 이 정도는
아픈 것도 아니야'라고 하더군요.

앞으로 어머니는 어느 의사를 찾게 될까? 답은 명확하다.

진찰과 처방은 다르지 않았지만, 환자에게 공감하고 배려를
아끼지 않은 의사를 기억하고 찾아갈 것이다.

지금은 4차 산업혁명으로 디지털 기술을 접목한 자동화
시스템으로 생산성은 높아졌고, 웬만한 일은 컴퓨터와 로봇이
처리하는 세상이 되었다. 이런 시대에 새로운 서비스 경쟁력은
무엇일까? 바로 기계가 대신할 수 없는 영역으로 사랑하고,
감탄하고, 공감하고, 위안을 얻는 공감 서비스다.

컴퓨터는 비용과 시간은 절약해줄 수 있지만 유연하지도
따뜻하지도 않으며, 사람의 마음을 읽고 반응할 수도 없다.
공감능력이 없는 무뚝뚝한 기계일 뿐이다.

이제는 공감능력이 탁월한 사람만이 진짜 서비스 경쟁력을
갖게 된다.

<새로운 미래가 온다>의 저자 다니엘 핑크는 미래의 인재가 갖춰야 할
조건으로 공감능력, 디자인, 조화, 놀이, 스토리, 의미를 꼽는다. 그는
이 중에서도 대체 불가능한 진짜 경쟁력으로 공감능력을 꼽는다.

엑스트라 마일

"우리는 계약을 할 때 현장에 10번 나가기로 했으면 모두
성실하게 해준다. 더욱이 고객이 한두 번 더 현장에 나와
달라고 하면 추가비용 없이 들어준다. 많은 회사들이 10번
나가겠다고 하고 이를 잘 지키지 않는 경우가 있다. 또 더 나와
달라고 요구하면 추가비용을 받는다. 고객은 계약에 따라 어쩔
수 없이 따르긴 하지만 이미 마음이 상한 뒤다. 당연히 다음
계약을 보장하기 어렵다. 우리 회사와 한번 일해 본 고객은
반드시 다음에도 우리만 찾는다. 일이 끝난 뒤에도 고객이
원하면 언제든지 '엑스트라 마일'을 실천하기 때문이다.
서비스와 장사에서는 이렇게 덤의 마음가짐이 필요하다."

한 보수공사 사장의 이야기이다.

여기서 '엑스트라 마일(Extra Mile)'이란 '한걸음 더 나아가 도와준다'는 뜻으로 누군가에게 무언가를 해 줄 때 그 사람이 기대하지 않았던 것까지 해 주는 것을 말한다.

애인이 커피를 마시고 싶은데 '커피 한 잔 사다 줄래'라고 말할 때 커피와 함께 쿠키까지 사다 주는 것이다. '쿠키'가 바로 엑스트라 마일이다. 주유소에서 주유를 하는 동안 더러운 차를 본 직원이 뛰어나와 자동차 창문을 닦아주는 것도 '엑스트라 마일' 서비스인 셈이다. 이러한 엑스트라 마일이 작지만 독특한 가치로서 고객을 감동시키는 성공 비결이 된다.

성경에 "예수님은 원수까지도 사랑하라 하셨고 원수가 주리면 먹이라 하셨고, 5리를 가자면 10리를 동행하라 하셨다"(마태복음 5:41)는 대목이 있다. '5리를 가자면, 10리를 동행'하는 것이 엑스트라 마일이다.

의사들은 왜
청진기를 끼고 다닐까

심장관련 질환에서 초음파 검사기나 손에 쥘 수 있는 크기의
초음파기기 등 더 간편하고 정확한 장비도 있는데 왜 군이
의사들이 청진기를 써야 하는지가 의료계에서 논쟁이라고
한다. 청진기의 대체물로 꼽히는 심초음파기기를 사용했을 때
심장 이상 환자를 가려낸 비율이 82%였던 반면, 청진기로는
47%만 가려낸 것으로 한 연구에서 드러났기 때문이다.
그러나 청진기가 앞으로도 계속 의료 현장에서 사용될
것이라고 보는 이유가 있다. 청진기가 의사와 환자 간에
공감과 신뢰를 주는 소통의 도구라는 것이다. 실제 한 연구에
따르면, 환자는 의사가 청진기를 걸친 상태에서 전해준

메시지를 훨씬 잘 기억하는 것으로 나타났다. 그 청진기를 실제로 이용하지도 않았는데 말이다.

옷은 우리가 생각한 것보다 훨씬 다른 사람들의 행동에 영향을 미친다. 옷은 단순한 기능이 아니라 무언의 메시지를 전달하는 도구이다. 청진기를 걸친 의사의 옷은 환자로 하여금 전문성을 느끼게 해준다.

따라서 누군가를 처음 만날 때는 자신의 전문성과 신뢰를 보여줄 수 있는 옷을 입어야 한다. 아직 모든 것이 불확실해 보일 때, 그 사람의 옷차림에 근거하여 그 사람의 조언이나 충고를 따를 것인지를 결정하기 때문이다.

코코 샤넬은 "상대를 외모로 판단하지 마라. 그러나 명심해라. 당신은 외모로 판단될 것이다"라고 말했다. 외모보다 내면이 중요하지만 현실에서는 사실 내면보다 외모가 중점이 되는 경우가 많다. 특히 고객을 응대하는 사람이라면 더욱 옷차림에 소홀히 해서는 절대 안 된다.

에버랜드의
자유이용권

한 번은 화장품가게에서 화장품을 사서 나오려는데
판매원이 나를 불러 세웠다. "참, 장 교수님! 출장을 많이
다니신다면서요?"라며 샘플 몇 개를 쇼핑백에 담아주었다.
샘플 화장품을 구입한 화장품과 동시에 주지 않고, 마치
'특별선물'처럼 별도로 챙겨주면 받는 기쁨이 더 배가된다.
아마도 그 판매원은 서비스에 대한 고객의 기억을 제대로
관리할 줄 아는 서비스 고수일 것이다.
고객의 성공적인 기억 관리를 위해서는 다음의 두 가지 측면에
집중해야 한다.
첫째는 유쾌한 기억을 극대화하는 것이고, 둘째는 불쾌한

기억을 최소화하는 것이다. '기쁨은 나누면 두 배가 되고, 슬픔은 나누면 반으로 줄어든다'는 말도 있지 않은가.

행복이나 이익은 더 크게 만들고 손실이나 아픔은 줄여주는 것을 행동경제학에서는 '쾌락적 편집(hedonic editing)'이라고 부른다. 고객의 기억이 즐겁도록 의도적으로 편집한다는 의미이다.

쾌락적 편집의 첫 번째 원칙은 상대에게 이익이 되는 경우는 '나누라'이다. 결혼기념일에 아내에게 줄 목걸이와 반지를 샀다면 한꺼번에 주지 말고 결혼기념일에 목걸이를 주고 아내 생일에 반지를 주는 것이 현명하다.

쾌락적 편집의 두 번째 원칙은 상대에게 손해가 되는 경우는 '합하라'이다. 놀이공원에서 자유이용권 구매를 유도하는 것은 매번 표를 사면서 돈을 지불해야 하는 고통을 한번으로 줄이기 위함이다.

"고통스러운 것들은 몽땅 묶어서 한꺼번에 처리해 버려야 한다. 이러한 일회성이 상심을 덜어줄 것이다. 혜택은 한 방울 한 방울씩 주어야 한다. 그래야 그것이 더욱더 맛있어 진다."

<군주론>을 쓴 니콜로 마키아벨리의 말이다. 군주를 위협하는 것들이 무엇인지를 잘 알고 있었던 그는 군주에게 모든 나쁜 소식들을 일거에 묶어서 처리하라고 조언했다.

5%의 불만족인가, 95%의 대만족인가

2명의 신부가 있었다. 그들은 골초였고 담배 때문에 기도할 때 약간의 문제를 가지고 있었다. 그중 한 신부가 주교에게 물었다. "주님께 기도할 때 담배를 피워도 됩니까?" 주교는 "피우면 안 된다"고 대답했다.

다른 신부도 주교에게 같은 질문을 했는데 질문 내용이 조금 달랐다. "담배를 피울 때와 같이 나약한 순간에도 주님께 기도해도 됩니까?" 주교는 그에게 "물론 기도해도 된다"고 대답했다. 두 질문은 같은 내용으로 어순만 바뀌었다. 하지만 그것이 주교의 결정을 바꾸는 결과를 가져왔다.

수술을 앞둔 환자에게 의사가 "지금까지 이 수술을

받았던 환자들 100명 중에서 90명이 수술 후 5년을 더 살았습니다"라고 얘기하면 환자는 비교적 안도하면서 기꺼이 수술을 받을 것이다. 그러나 "100명 중에서 10명은 5년 이내에 죽었습니다"라고 얘기하면 수술을 망설일 가능성이 높다. 이렇게 프레임이 달라짐에 따라 판단이나 선택이 변하는 것을 '프레이밍 효과(Framing Effect)'라고 한다.

서비스와 마케팅에서도 프레이밍 효과는 강력하다. '99% 무지방'이라고 적힌 우유와 '1% 지방 함유'라고 적힌 우유는 똑같은 양의 지방을 포함하고 있지만, 대부분의 사람들은 99% 무지방 우유를 선택한다.

"5%의 불만족인가, 95%의 대만족인가" 이 역시 서로 같은 의미이지만, '5%의 불만족'이라고 하면 불만이 강조되면서 부정적인 느낌을 주는 반면, '95% 대만족'이라고 하면 5%의 불만족이 상쇄되어 매우 긍정적인 느낌을 가져다준다.

세 번이나 이혼한 마거릿 미드에게 기자들이 "왜 또 이혼했냐"고 물었다. 그러자 그녀는 기자들에게 되물었다. "당신들은 그것만 기억하나. 내가 세 번이나 뜨겁게 사랑했다는 것은 묻지 않고" 천양희 시인의 <물음>이란 시의 한 구절이다.

수화물 찾는 곳까지
더 걷게 만든다면

몇 년 전 미국 휴스턴공항에 골치 아픈 고객들의 불만이
접수됐다. 수화물을 찾는데 시간이 너무 오래 걸린다는
불만이었다. 휴스턴공항은 불만을 해결하기 위해 수화물 관리
직원의 수를 늘렸다.

그 결과 수하물을 찾는데 소요되는 대기시간이 8분대로
줄어들었다. 하지만 고객들의 불만은 여전했다.

공항 책임자들이 현장에 나가 대기시간을 더 세밀하게
분석해보니, 총 8분여의 대기시간 중 승객들이 도착
게이트에서 수하물을 찾는 곳까지 걸어가는 데만 1분이
걸리고, 거기서 7분을 기다려 수하물을 찾는다는 것을 알게

됐다. 그냥 서서 기다리는 일로 대기시간의 88% 가량을 허비하고 있었던 것이다.

공항은 새로운 접근법을 시도했다. 총 대기시간을 줄이려고 노력하는 대신, 도착 게이트를 터미널에서 멀찍이 떨어뜨려 놓은 것이다. 그러자 승객이 수하물을 찾는 곳까지 6분을 걸어가고 대기시간이 2분으로 바뀌었다. 그 결과 신기하게도 고객들의 불만이 거의 사라졌다. 총 대기시간은 여전히 8분으로 동일했지만, 수화물을 찾는 곳까지 걸어오는 시간은 기다리는 시간으로 인식하지 않았던 것이다.

이것은 '기다림의 경험'이 총 대기시간에 의해서만 좌우되지 않는다는 것을 잘 보여준다. 모두가 느끼는 것처럼 아무것도 하지 않고 기다리는 시간은 더 길게 느껴진다.

기본적으로 서비스는 심리학이다. 특히 서비스의 대기시간이 그렇다. 따라서 기다리는 시간 자체를 줄이는 것 못지않게 고객이 대기 중에 가지는 심리상태를 긍정적으로 유도하는 노력은 서비스 품질을 향상시키는데 대단히 효과적이다.

영국의 철학자 조지 버클리는 "존재하는 것은 지각되는 것이다"라는 말로 기다린 시간에 대한 지각은 실제로 지나간 시간과 현저하게 다를 수 있음을 강조했다. 서비스를 받기 위해 얼마나 오래 기다렸는가를 물었을 때 고객은 기다리는 시간을 실제보다 훨씬 더 길게 평가한다.

만화 같은 일

"한국이 일본에 0:3으로 뒤지고 있었다. 8회 말이었다.
'졌구나' 생각했다. 그리고 20분이 채 안 걸려 집에 도착했다.
적적함을 매울 겸 들어오자마자 TV를 켰다. 그런데 화면에서
믿을 수 없는 일이 벌어지고 있었다. 9회 초, 스코어가 2:3으로
변해 있었고 한국의 만루 찬스였다. 어? 하는 순간 이대호가
배트를 휘둘렀다. 2타점 적시타. 4:3 역전이었다.
일본 도쿄돔에서 열린 '2015 WBSC 프리미어12' 준결승
한일전 당시 한 신문에 실린 칼럼의 일부이다. 실제 지방판
마감시간에 쫓긴 한 스포츠 신문은 경기 결과를 예단하고
'한국이 삼중고에 시달리며 패배했다'는 오보를 낼 정도로

패색이 짙은 경기였다.

야구 경기를 보다 보면 "얼마나 오랫동안 이기고 있었느냐"는 별로 중요하지 않다. "마지막에 어느 팀이 이겼느냐"가 더 중요하다. 그래서 뉴욕 양키스의 전설적인 포수 요기베라의 그 유명한 "끝날 때까지 끝난 게 아니다(It ain't over till it's over)"라는 말은 정말 멋있는 말이다.

거래처에서 보면 어떤 사람은 자기 자리에 앉아 마지막 인사를 하고, 또 어떤 사람은 문밖까지 나와 엘리베이터를 탈 때까지 배웅을 해준다. 어떤 사람이 더 기억에 남을지는 자명하다. 우리의 기억은 시간의 순서에 따라 차곡차곡 쌓이는 게 아니다. 마치 스냅사진처럼 절정의 순간과 끝날 때의 느낌으로 전체를 기억한다. 심리학에서는 이를 '피크엔드 효과(Peak-End Effect)'라고 한다. 따라서 서비스에서도 고객과의 모든 접점을 완벽하게 관리하는 것이 최상이겠지만, 현실적으로 쉽지 않은 것이 사실이기 때문에, 고객만족을 위해 더 중요하게 관리해야 할 접점을 하나만 선택한다면 단연코 마지막 순간이여야 한다.

"사람들은 늘 어떤 상황을 경험하는데, 나중에 그 상황을 떠올릴 때는 피크(peak)와 앤드(end)만 기억한다"고 대니얼 카너먼은 설명한다. 영화에서도 마지막 장면이 그 영화 전체에 대한 인상으로 대체대곤 한다. 마지막 모습은 뇌리에 깊은 인상을 남긴다. 회사와 고객 간에도 마지막이 중요하다.

너도 신부가 되겠구나

어느 시골 작은 성당의 주일미사에서 신부를 도와 봉사를 하던 소년이 제단의 성찬으로 사용할 포도주 그릇을 떨어뜨렸다. 그러자 신부가 어찌할 바를 몰라 쩔쩔매고 있는 소년의 뺨을 때리며 "다시는 제단 앞에 나타나지 마라"고 소리쳤다. 이 말은 소년의 가슴에 깊은 상처를 남겼다. 소년은 그 일이 있은 후 평생 천주교에 발을 딛지 않았다. 그리고 훗날 공산주의 지도자가 되었다. 그가 바로 유고의 대통령 요시프 브로즈 티토다.

어느 큰 도시 성당의 주일미사 때였다. 신부를 돕던 소년이 실수로 성찬용 포도주 그릇을 떨어뜨렸다. 신부는 금방이라도

울 것 같은 소년을 사랑어린 눈으로 쳐다보며 "괜찮다. 일부러 그런 것이 아니잖니. 나도 어릴 때 실수가 많았단다. 너도 신부가 되겠구나"고 속삭였다. 그리고 훗날 그 소년은 실제 신부가 되었다. 그가 바로 유명한 대주교 풀턴 쉰이다.

티토 대통령은 신부의 입에서 나온 말대로 제단에서 물러가 하나님을 비웃는 공산주의 지도자가 되었고, 풀턴 쉰은 신부의 말대로 귀한 하나님의 일꾼이 되었다.

한 마디의 말이 자신뿐 아니라 타인의 운명에 얼마나 큰 영향을 주는 지를 깨닫게 하는 사례다. 말은 의식의 일부가 되어 생각과 느낌을 이끌어가며 삶의 세계를 만들어낸다. "안 된다. 끝장났다"는 부정적인 말을 쓰면 그 말이 굴레가 되어 정말 안 되고 끝장이 난다. 일상적으로 고객에게 사용하는 작은 인사말도 긍정형으로 바꿀 필요가 있다. "고객님, 기다리게 해서 죄송합니다"보다는 "고객님, 기다려주셔서 고맙습니다"가 훨씬 긍정적이고 듣기에 좋다.

자기가 쏟아낸 말이 그대로 쌓여 복이 되기도 하고 화가 되기도 한다. "물고기는 언제나 입으로 낚인다. 인간도 역시 입으로 걸린다"는 <탈무드>의 말을 한시도 잊어서는 안 된다. 특히, 서비스맨이라면 직원을 격려하고 고객을 이해하고 칭찬하는 언어가 몸에 배어 있어야 한다.

'털'의 차이가 매출의 차이

옛날에 짚신장수 아버지와 아들이 살았다. 부자는 장이
설 때마다 나란히 자리를 잡고 짚신을 팔았다. 그런데 늘
사람들이 아버지의 짚신을 먼저 사가고 다 팔린 뒤에야 아들의
짚신을 사가는 것이었다. 아들은 그 이유를 알 수가 없었다.
"아버지, 제 짚신이 모양도 더 예쁘고 튼튼하게 잘 만든 것
같은데, 왜 사람들이 아버지 짚신을 더 많이 사가는 걸까요?"
그러자 아버지가 말했다. "아들아, 네가 내 아들이지만 지금은
가르쳐줄 수 없단다."
세월이 흘러 아버지가 돌아가시게 되었다. 임종 직전 아버지는
"아들아, 내 짚신의 비밀은 털, 털, 털…"이라고 말하다가

그만 숨을 거두고 말았다. 아들은 그게 무슨 소리인지 도무지 이해할 수 없었다.

그러던 어느 날 아버지가 남긴 짚신과 자신이 만든 짚신을 비교해보다가 미세한 차이를 발견했다. 겉보기에는 별 차이가 없었는데 직접 신어보니 아버지의 짚신이 훨씬 부드러웠던 것이다. 짚신을 만들 때 작은 털까지 다듬은 것이 바로 아버지의 비결이었던 것이다.

서비스에 있어서 고객에게는 모든 것이 진실의 순간(Moment of Truth)일 수 있다. 서비스는 종이를 한 장씩 쌓아올리는 작업처럼 더디게 이루어진다. 그러나 단 한 번의 사소한 실수로 한 순간에 무너진다. 일류 레스토랑의 이미지는 물 컵에 묻은 얼룩 하나로 추락할 수 있다. 기내 탁자에 남겨진 커피 자국이 항공 서비스의 모든 수준을 낮게 만들어 버린다. 이처럼 보기에 아주 사소한 흠이 고객을 짜증나게 하고, 다른 것들까지 불신하게 만든다.

"악마는 디테일에 있다(The devil is in the detail)"는 고객의 불만이나 문제점은 세세한 것에 숨어 있다는 의미의 독일 속담으로 '신은 디테일에 있다(god is in the detail)'는 표현에서 유래되었다.
디테일의 실패는 고객응대 현장에서도 자주 나타나게 되는데, 이로 인해 고객을 화나게 하거나 떠나게 만들기도 한다.

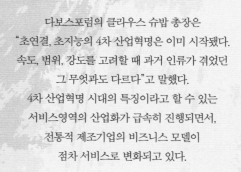

다보스포럼의 클라우스 슈밥 총장은
"초연결, 초지능의 4차 산업혁명은 이미 시작됐다.
속도, 범위, 강도를 고려할 때 과거 인류가 겪었던
그 무엇과도 다르다"고 말했다.
4차 산업혁명 시대의 특징이라고 할 수 있는
서비스영역의 산업화가 급속히 진행되면서,
전통적 제조기업의 비즈니스 모델이
점차 서비스로 변화되고 있다.

PART 3

서비스의
미래 전략

감정노동

가마 메는
고통

프랑스 리비에라의 한 카페에서 고객의 친절도에 따라 다르게
가격을 매기는 메뉴판을 트위터에 올려 화제가 된 적이 있다.
메뉴판에는 이렇게 쓰여 있다.

"커피 한 잔 : 5.9유로(8,000원)"

"커피 한 잔 주실래요 : 4.25유로(6,000원)"

"안녕하세요. 커피 한 잔만 주실래요 : 1.4유로(2,000원)"

인터넷을 뜨겁게 달군 이 메뉴판을 만든 주인에게 사연을
들어보니, 무례하게 구는 고객이 너무 많아서 이렇게 써
붙이게 되었다고 한다.

우리나라 어느 도시락 카페의 입간판에도 이렇게 쓰여 있다.

"우리 직원이 고객에게 무례한 행동을 했다면 직원을
내보내겠습니다. 그러나 우리 직원한테 무례한 행동을 하면
고객을 내보내겠습니다.", "우리 직원들은 언제 어디서 무슨
일을 하든지 항상 존중을 받아야할 훌륭한 젊은이들이며
누군가에게는 금쪽같은 자식입니다."

참으로 멋진 주인들이다. 이 내용도 많은 사람들에게 공감을
불러일으켰고 SNS를 통해 확산되면서 큰 화제가 되었다.

인격이 높고 신뢰할 만한 경영자는 자신의 운전기사나 비서,
경비원을 아랫사람이라고 홀대하지 않는다. 다정한 인사말을
건네고 식사할 때도 그들을 챙기고 배려한다.

성숙한 고객은 감정노동자를 함부로 대하지 않는다. 나와
가족, 친구를 포함해서 우리는 누구나 소비자인 동시에
감정노동자가 될 수도 있다.

> "사람들은 가마 타는 즐거움만 알고(人智坐輿樂) 가마 메는 고통은 알지
> 못하네(不識肩輿苦)" 다산 정약용의 <견여탄肩輿歎>이라는 시다.
> 다 같은 인간으로 평등하게 태어났는데, 누구는 가마를 타며 즐기고,
> 누구는 죽을 힘을 다해 가마를 멘단 말인가. 가마 타는 사람은 가마꾼
> 의 고통을 이해하고 마음을 기울일 줄 알아야 한다는 가르침일 것이다.

드라마틱한
극장의 시나리오

"아이들이 좋아해서 외국 만화영화를 보러 갔는데, 글쎄
화면에 한글자막이 나오지 뭡니까. 주로 아이들이 관객이니까
우리말 더빙이 된 필름을 틀어야 하잖아요. 영화관 측에서는
급히 상영을 중지하고 사과방송을 내보내고는 얼른
더빙으로 된 필름을 교체하겠다고 하더군요. 할 수 없이
잠시 기다리는데 영화관 종업원이 객석을 돌아다니면서
다과를 대접했어요. 그리고 아이를 동반한 고객에게는
주인공 캐릭터가 새겨진 기념품을 하나씩 품에 안기는
겁니다. 그리고 영화가 끝나니까 '오늘 관객 여러분께 실수를
해서 죄송합니다. 다음에 다시 오셔서 제대로 된 서비스를

받아보세요'라고 다시 사과하면서 무료 초대장을 한 매씩 주더군요. 그날 영화를 본 관객들은 영화관의 실수에 대해서 뭐라고 하기는커녕 오히려 기념품과 무료 초대장을 받았다고 모두 흥거워했지요."

아이와 함께 영화관에서 갔다가 어느 주부가 겪은 일이다. 사실 이것은 영화관의 실수가 아니라 고객을 위해 사전에 기획한 '드라마틱한 시나리오'이다. 고객에게 잊지 못할 경험을 주려고 영화관에서 사전에 치밀하게 디자인한 각본이었다.

평범한 서비스는 고객의 뇌리에서 곧 잊혀 진다. 요즘 고객들은 제품 구매의사 결정을 제품의 편익만을 고려하는 것이 아니라, 그 기업이 제공하는 차별화된 경험을 선택 기준으로 삼는다. 고객경험은 제품 및 서비스의 차별화가 점점 어려워지는 가운데 고객이 가장 오래 기억하는 서비스경영의 수단으로 부각되고 있다.

델컴퓨터의 CIO인 제리 그레고어(Jerry Gregoire)는 "이제 고객경험 (customer experience)이야말로 우리 모두가 경쟁해야 할 승부처"라며 고객경험의 중요성을 강조하고 있다.
잊혀지지 않는 경험은 기억에 오래 남을 뿐만 아니라 고객들이 오랜 시간에 걸쳐 제공자와 교류를 갖게 함으로써 고객충성도를 높인다.

엔진을 팔지 않는 엔진회사

이 회사는 전통적인 비행기 엔진 제작사이지만, 고객에게
제트엔진을 판매하는 대신 가스요금이나 수도요금과 같이
사용한 출력량과 시간에 따라 요금을 부과한다. 엔진을
가동한 시간을 기준으로 시간당 요금을 엔진모델, 엔진용도,
위치, 고객이 선택한 보험적용 옵션에 따라서 서비스
비용으로 받는다. 그들은 비행기 엔진이 제대로 작동하는지
여부를 원격으로 감시하며 고장이 나기 전에 부품을
수리하거나 교체해 실제로 엔진이 제 성능을 발휘할 수 있는
시간을 늘려주는 새로운 비즈니스를 하고 있다.
이 엔진서비스 패키지는 회사 전체 수익의 50%를 점유하고 있다. 세계 3대 엔진 제조업체 중 하나인 영국 롤스로이스의 '엔진 토탈 케어(Total Care)' 프로그램 이야기다.

롤스로이스의 이 프로그램은 일종의 구독경제 비즈니스 모델이다. 전통적인 제품경제에서 소비자들은 '산만큼' 물건 값을 냈다. 그런데 공유경제가 떠오르면서 '쓴만큼' 주인에게 돈을 내는 것으로 바뀌었다. 최근에는 '산만큼, 쓴만큼' 내는 것이 아니라 먼저 돈을 내놓고 쓰는 구독경제(subscription economy)가 부상하고 있다. '구독경제 서비스'란 우유 배달이나 일간 신문처럼 소비자가 기업에 매달 구독료나 정기이용료를 내면 정기적으로 원하는 상품을 배송 받거나 필요한 서비스를 언제든지 이용할 수 있는 신개념의 경제 모델이다.

다보스포럼의 클라우스 슈밥 총장은 "초연결, 초지능의 4차 산업혁명은 이미 시작됐다. 속도, 범위, 강도를 고려할 때 과거 인류가 겪었던 그 무엇과도 다르다"고 말했다. 4차 산업혁명 시대의 특징이라고 할 수 있는 서비스영역의 산업화가 급속히 진행되면서, 전통적 제조기업의 비즈니스 모델이 점차 서비스화 되고 있다.

10명의 병사들이 빠져 죽다

"100명의 병사들이 강을 건너려고 한다. 병사들의 평균 키는 180cm, 강의 평균 깊이는 150cm이다. 보고를 받은 장군이 강을 건널 것을 명령했다. 그런데 강 언저리를 지나면서 물이 갑자기 깊어져 병사들이 하나둘 빠지기 시작했다. 겁이 난 병사들이 뒤를 흘깃흘깃 쳐다봤지만 장군은 '돌격 앞으로!'만 외쳤다. 물에 빠져 죽는 병사가 속출하자 장군은 당황했고 그제야 회군을 명령했다. 하지만 이미 많은 병사를 잃은 뒤였다. 알고 보니 이 강의 최대 수심은 200cm이었고, 병사들 중 2m가 넘는 사람은 30명이 채 안 되었다."

평균의 함정을 설명하는 유명한 일화다. 사람들은 평균값이나 통계수치에 많이 의존하여 의사결정을 한다.

하지만 평균이 전체 현실을 제대로 반영하지 못할 때가 많다. 예를 들어, 의사가 대장암 환자에게 평균 생존기간이 5년이라고 말하는 것도 맞지 않는다. 생존기간의 분포에 대해서도 함께 알려줘야 한다. 계산을 해보면, 생존기간이 4년 반에서 5년 반처럼 편차가 적은 경우와 2년에서 20년 사이인 편차도 평균을 내보면 둘 다 5년이다.

더 정확히 판단하기 위해서는 평균과 함께 각각의 데이터가 흩어져 있는 정도를 나타내는 '편차'를 확인하는 것이 중요하다. 이러한 편차를 보면 개인과 집단의 서비스 품질에 어느 정도의 일관성이 있는지를 한눈에 알 수 있다.

<톰 소여의 모험>으로 유명한 미국 작가 마크 트웨인의 문구에 보면, '세상에는 세 가지 종류의 거짓말이 있다. 거짓말, 새빨간 거짓말, 그리고 통계다(There are three kinds of lies: lies, damned lies, and statistics)'라는 문구가 있다. 우리는 일상에서 수많은 통계 정보를 접한다. 하지만 진짜 중요한 것은 숫자에 담긴 진정한 의미와 올바른 판단이다. 고객만족경영과 서비스품질에서도 숫자에 현혹되지 않는 성숙한 통계적 사고를 바탕으로 개선 방향을 수립하는 것이 중요하다.

가젤이 높이 뛰는 이유

아프리카 세렝게티에서 사냥을 시작하려는 사자를 발견한 가젤은 조금이라도 더 멀리 도망치지 않고 제자리에서 수직으로 높이뛰기를 반복하는 '점프 쇼'를 펼친다. 언뜻 보면, 사자의 추격을 따돌릴 힘을 스스로 빼고 있어 어리석어 보인다. 하지만 그것은 자신의 힘과 달리기 실력을 과시함으로써 사자로 하여금 사냥감으로 다른 동물을 선택하도록 하는 영리한 전략이라고 동물학자들은 말한다. 이러한 점은 인간에게도 그대로 나타난다. 영화나 드라마에서 보면 싸우기도 전에 자기 몸에 상처를 내면서 상대를 위협하는 조폭들이 등장한다. 이 방법은 자신이 무슨 짓을 할지 모르는 위험한 사람이라는 점을 강조해서 상대를 지레 겁먹게 하는 일종의 '신호'인 셈이다.

신호를 보내는 것, 즉 '시그널링(signaling)'이란 정보가 비대칭인 상황에서 정보를 가진 쪽이 자신의 정보를 적극적으로 알리려고 취하는 행동을 말한다. 신호 보내기는 우리 주변에 너무나 흔하다. 고객만족도가 일등이라는 것은 AS 때문에 걱정하지 말라는 점을, 브랜드는 막대한 광고비를 지출할 만큼 품질에 자신이 있다는 점을 고객에게 알리는 적극적인 신호라고 볼 수 있다.

최근 많은 기업들이 서민, 중산층, 소상공인과 소외계층 모두를 배려하겠다는 사회적 마케팅을 부각시키고 있다. 이 역시 고객, 경쟁자, 정부 그리고 직원들에게 "우리는 이렇게 사회와 공익을 위해서 좋은 일을 할 만큼 돈도 많이 벌고 지속적인 성장을 하고 있는 기업"이라는 것을 전달하는 신호를 보내고 있는 것이다.

세계적인 행동경제학자인 댄 애리얼리는 <부의 감각>이란 자신의 책에서 "이치에 맞든 아니든 높은 가격은 그것의 품질이 좋다는 신호를 발산한다. 음식, 의류 등 중요한 것에 있어 높은 가격은 싸구려가 아니라는 신호를 발산한다"고 강조하고 있다. 가격이 가치나 성능이나 즐거움에 영향을 줄 수 없을 것 같지만, 실제로는 그렇지 않다. 비싼 가격표를 달고 있는 제품일수록 더 높은 '가치'를 지닌 것처럼 보이는 것이다. 기업들은 이런 사람들의 마음을 너무나 잘 이용하고 있다.

죄수들이 살아서
내린 이유

19세기 영국은 죄수들을 배에 실어 호주로 보냈다. 영국
정부는 배를 가진 선장과 계약을 맺고 이송비를 지급했다.
그런데 보통 500명씩 한 배에 태워 보냈는데, 호주로 가는
도중에 이중 30%, 즉 150명 정도는 배 안에서 죽었다.
선장들이 위생 문제를 방치하고 죄수들에게 먹을 것을 제대로
주지 않았기 때문이다.

그러던 어느날 한 배에서 사망자가 단 1명에 그치는 기적적인
일이 발생했다. 그 이유는 단순했다. 정부가 이송비를
지급하는 기준의 성과지표를 바꾼 덕택이었다. 이전에는
선장에게 이송비를 줄 때 영국에서 배에 오른 죄수의 숫자만큼

돈을 췄지만, 바뀐 기준은 몇 명이 배에 탔느냐가 아니라
'몇 명이 살아서 호주에 내렸냐'로 이송비를 지급하기로
한 것이다. 그러자 선장들은 더 많은 돈을 받기 위해 배의
정원만큼 죄수들을 태우고 깨끗한 위생시설과 좋은 음식을
제공한 것이다.

고객에게 탁월한 경험을 선사하기 위해서는 그러한 서비스가
가능한 환경과 제도, 즉 시스템을 제대로 설계하는 일이
중요하다. 여기서 시스템이란 "그렇게 하라고 말하는 대신에
그렇게 할 수밖에 없도록 만드는 것"이라고 할 수 있다.
잘못 설계된 시스템은 서비스를 엉망으로 만들 수도 있다.
어느 회사는 상담원들에게 하루에 전화 받는 횟수에 따라
보너스를 지급하기로 했다. 한편, 고객에게는 상담원들의
서비스를 평가해 달라는 엽서를 발송했다. 그 결과
고객으로부터 가장 나쁘다는 평가를 받은 직원이 계속
보너스를 받는 어처구니없는 일이 벌어졌다.

"오케스트라의 지휘자는 정작 아무 소리도 내지 않습니다. 다른 이들
로 하여금 소리를 잘 내게 하는가에 따라 지휘자로서의 능력을 평가받
습니다. 다른 이들 속에 잠자고 있는 가능성을 깨워서 꽃피게 해주는
것이 바로 리더십 아니겠습니까?" 보스턴 필 하모닉의 지휘자 벤 젠더
의 말이다. 조직에서 리더는 흔히 오케스트라의 지휘자에 비유된다.
서비스경영에서 리더는 지휘자다.

건너편 신호등을 없앤다면

한때 코미디언 이경규 씨가 진행했던 방송 중에 교통신호 캠페인을 통해 차량 정지선에 정확히 차를 멈춰선 차들에게 '양심 냉장고'를 선물하는 프로그램이 있었다.

하루 종일 숨어서 다음날 새벽이 될 때까지 지켜보아도 정지선 안쪽에 멈춰선 차량이 없어서 방송을 마치려는 순간, 극적으로 차량 한대가 정지선 앞에 멈춰 섰다. 기쁜 마음에 뛰쳐나가 차량 운전사를 만났는데 지적 장애인이었다. 그 화면을 보면서 감동했던 기억이 난다.

그런데 최근 시내에서 운전을 하다보면 사거리 건너편에 있던 신호등이 사라진 곳을 발견할 수 있다. 왜 건너편에

신호등을 없앴을까? 이렇게 되면 차량들은 정지선 바로
앞쪽에 있는 신호등 밖에 볼 수 없다. 정지선을 벗어나게 되면
신호가 바뀌는 걸 확인할 수 없기 때문에 운전자는 정지선을
지킬 수밖에 없다. 정지선을 지키도록 하고자 단속을 하거나
캠페인을 벌이지 않아도, 이렇게 교통 신호를 디자인하면
자연스럽게 사람들의 행동을 바꿀 수 있는 것이다.
이런 것이 바로 서비스 디자인(Service Design)'이다. 서비스
디자인은 서비스를 설계하고 전달하는 전반에 디자인을
적용함으로써 사용자의 생각과 행동을 변화시키고 서비스
가치와 고객의 경험을 향상시키는 일련의 활동을 말한다.

미국 북동부를 운행할 새로운 고속철도가 필요했던 앰트랙사는 아이
디오(IDEO)에게 새로운 열차의 객실 디자인을 의뢰했다. 그러나 아이
디오 개발팀은 "고객이 앰트랙의 열차 대신 비행기를 이용하는 이유는
객실 디자인이 좋지 않아서가 아니라, 열차표를 예매하는 것도 불편
하고, 역에서 기다리는 것도 지루하기 때문이다"며 여행객이 여행을
경험하는 단계를 순차적으로 나타낸 '고객 여정 맵(Customer Journey
Map)'을 개발했다. 그 결과 앰트랙사는 비행기 여행과 비교해도 우월
한 경험을 제공하는 열차를 운행할 수 있었다.

당신이 서비스다

초판 1쇄 발행 2019년 11월 1일
초판 2쇄 발행 2019년 12월 1일

지 은 이 장정빈
발 행 인 이동선
발 행 처 한국표준협회미디어
편집·홍보 노지호, 김정화
출판등록 2004년 12월 23일(제2009-26호)
주   소 서울 금천구 가산디지털1로 145 에이스하이엔드타워3차 11층
문의전화 02-2624-0361 **팩 스** 02-2624-0369
홈페이지 www.ksamedia.co.kr

ISBN 979-11-6010-037-2 13320
값 4,500원